LA 2 CV
DANS TOUS SES ÉTATS

UN CONCOURS DE MAQUETTES "2 CV"
PRÉSENTÉ PAR JACQUES WOLGENSINGER,
ACCOMPAGNÉ DE TEXTES
DE GILBERT LASCAULT, BORIS VIAN
ET JEAN-LOUIS EZINE

DÉCOUVERTES GALLIMARD

Les 60 années de l'histoire de la 2 CV : 1935-1995

1935

Pierre Jules Boulanger, PDG de Citroën, décide de lancer une voiture «minimum», une «chaise longue sous un parapluie». Il reprend les principes d'une enquête de 1922 pour imaginer cet engin destiné tout d'abord aux paysans et à leurs femmes! L'équipe d'André Lefèbvre, déjà auteur de la Traction, se met au travail. Flaminio Bertoni dessine la carrosserie.

1937

Un premier prototype est prêt, mais Lefèbvre, insatisfait, fait tout recommencer!

1939

A la veille du Salon de l'automobile, 250 prototypes du projet «TPV» (Toute Petite Voiture) ont été fabriqués en duralinox, et la voiture est prête à être dévoilée au public. La déclaration de la guerre va tout remettre en question car le Salon n'a pas lieu, et les prototypes, exceptés quelques-uns jalousement conservés et cachés, sont systématiquement détruits.

1944

Les recherches se sont poursuivies en secret pendant l'occupation, le moteur est au mis au point : sa cylindrée est de 375 cm³.

1948

La gestation de la 2 CV atteint son terme, au bout de treize années de recherches. Elle est présentée au président de la République, Vincent Auriol, le 7 octobre 1948, jour de l'ouverture du Salon de l'automobile. C'est la naissance officielle d'une voiture qui va devenir une légende. L'accueil du public est encore mitigé mais le succès démentira ses doutes : plus de cinq millions de 2 CV seront construites en près de quarante ans.

1949 : la 2 CV est enfin disponible

La 2 CV, type A, est commercialisée selon de stricts critères de sélection des acquéreurs, pénurie d'après-guerre oblige! Mais le carnet de commandes subit une inflation démente, les délais de livraison atteignant, en 1950, le record de 6 ans! La production doit être accélérée.

La première 2 CV, commercialisée en 1949.

Ses caractéristiques sont simples : deux cylindres à plat refroidis par air, 375 cm³ de cylindrée, 2 CV fiscaux, puissance maxi 9 ch, boîte à quatre rapports plus une marche arrière, roues de 3 pouces, suspension à quatre roues indépendantes, freinage à tambour sur les quatre roues, longueur 3,78 m, largeur 1,48 m, hauteur 1,60 m, réservoir de 20 litres et consommation de 4 à 5 litres aux cent kilomètres, vitesse maximum 65 km/h, poids 510 kg (poids total en charge 800 kg), couleur gris clair métallisé...

Quelques traits caractéristiques du modèle 1966 : phare, aile arrière, clignotants et pare-choc.

1951

Apparition de la clef de contact et de la couleur gris foncé.

1954

Nouveau moteur 425 cm^3, autorisant une vitesse de 70 km/h, nouvel équipement presque «luxueux» avec feux de position, clignotants électriques et tissu écossais bleu.

1958

Naissance de la 2 CV 4x4 Sahara, équipée de deux moteurs, l'un à l'avant et l'autre à l'arrière, et qui atteint 100 km/h.

1960

Le capot à cinq nervures remplace l'ancien.

1962

Apparition de l'essuie-glace électrique et nouveau tableau de bord.

1964

Les quatre portes s'ouvrent d'avant en arrière.

1969

La 2 CV 4, 435 cm^3, 2 CV, vitesse 102 km/h et la 2 CV 6, 602 cm^3, 3 CV, et 110 km/h! Un bolide!

1972

Les ceintures de sécurité font leur apparition, à l'avant.

1974

Les phares rectangulaires remplacent les phares ronds.

1976

2 CV spécial et 2 CV spot.

1978

2 CV 6 club.

1980

2 CV Charleston : peinture à deux tons rouge et noir. 115 km/h et 5,4 litres aux cent.

1985

La 2 CV Dolly, peinture bicolore.

1988

Fermeture de l'usine de Levallois, où étaient produites les 2 CV depuis l'après-guerre, conséquence de la baisse de la demande. Cette unité de production avait atteint son maximum en 1966 avec plus de 168 000 voitures.

1990

La dernière 2 CV sort de l'usine de Mangualde, au Portugal.

1995

La 2 CV, encore très répandue et recherchée par les collectionneurs, entre dans Découvertes Gallimard.

La Charleston, la plus huppée des 2 CV, en livrée rouge et noir.

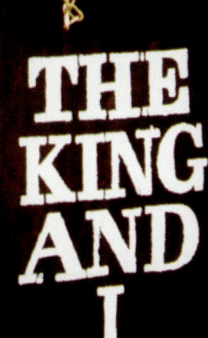

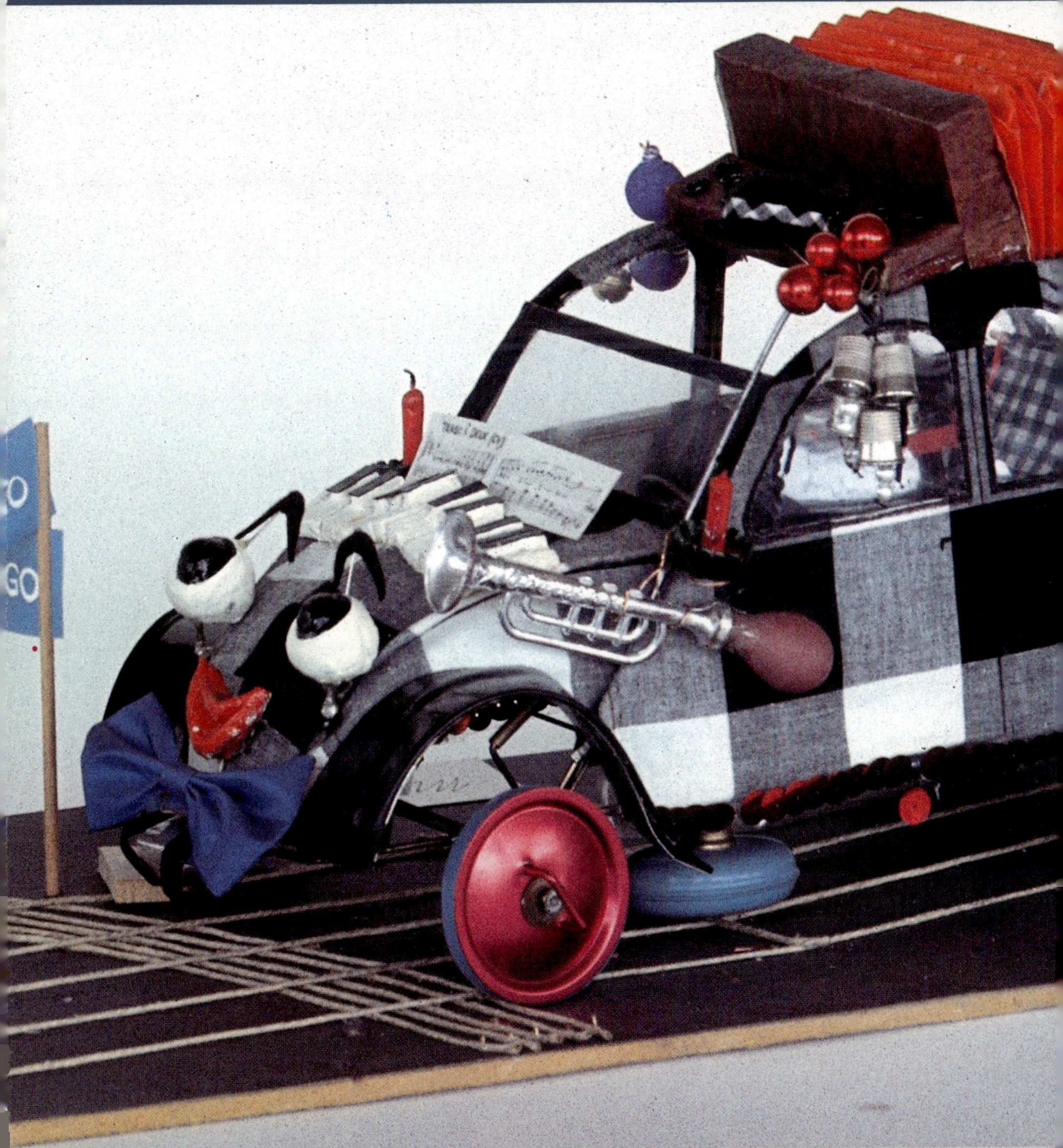

ZH 2746

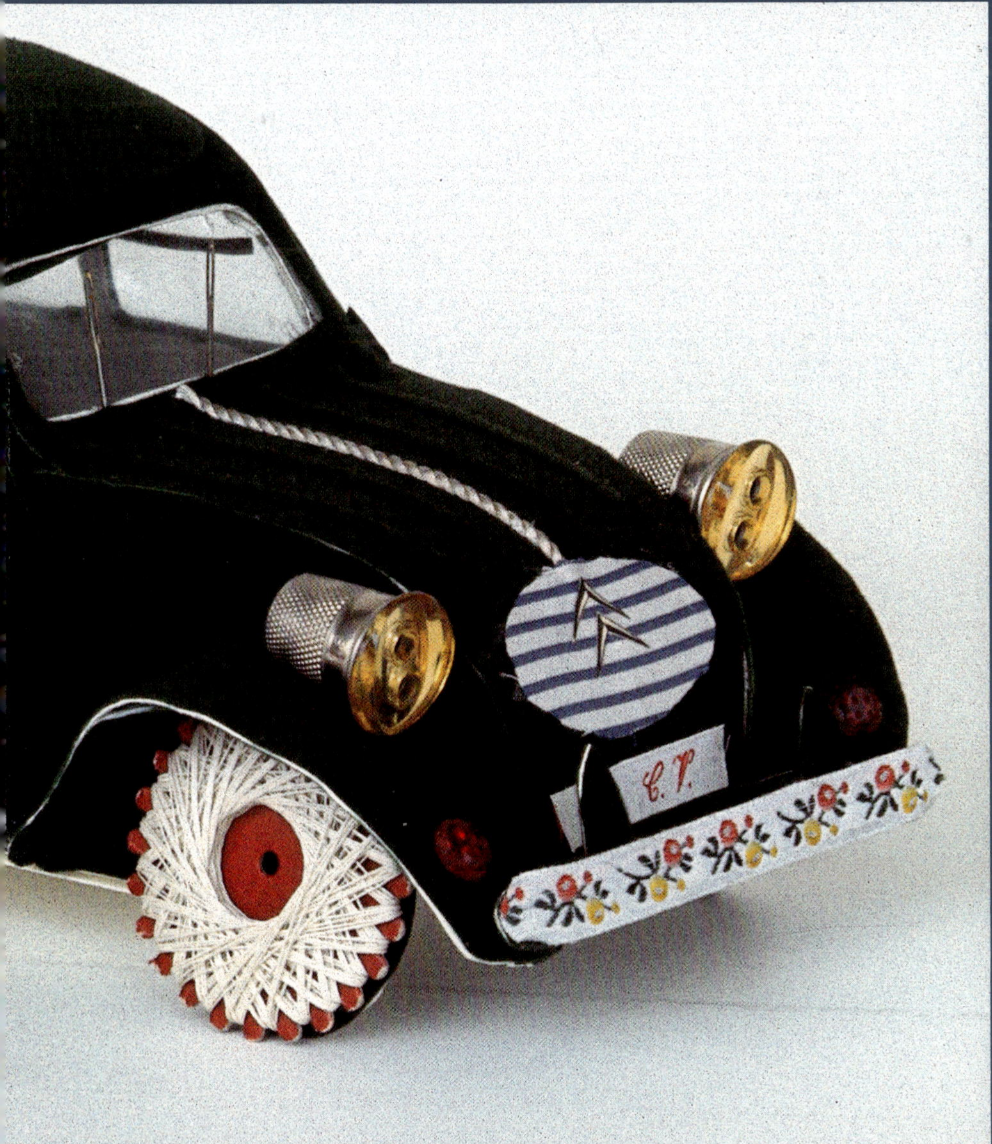
C. V.

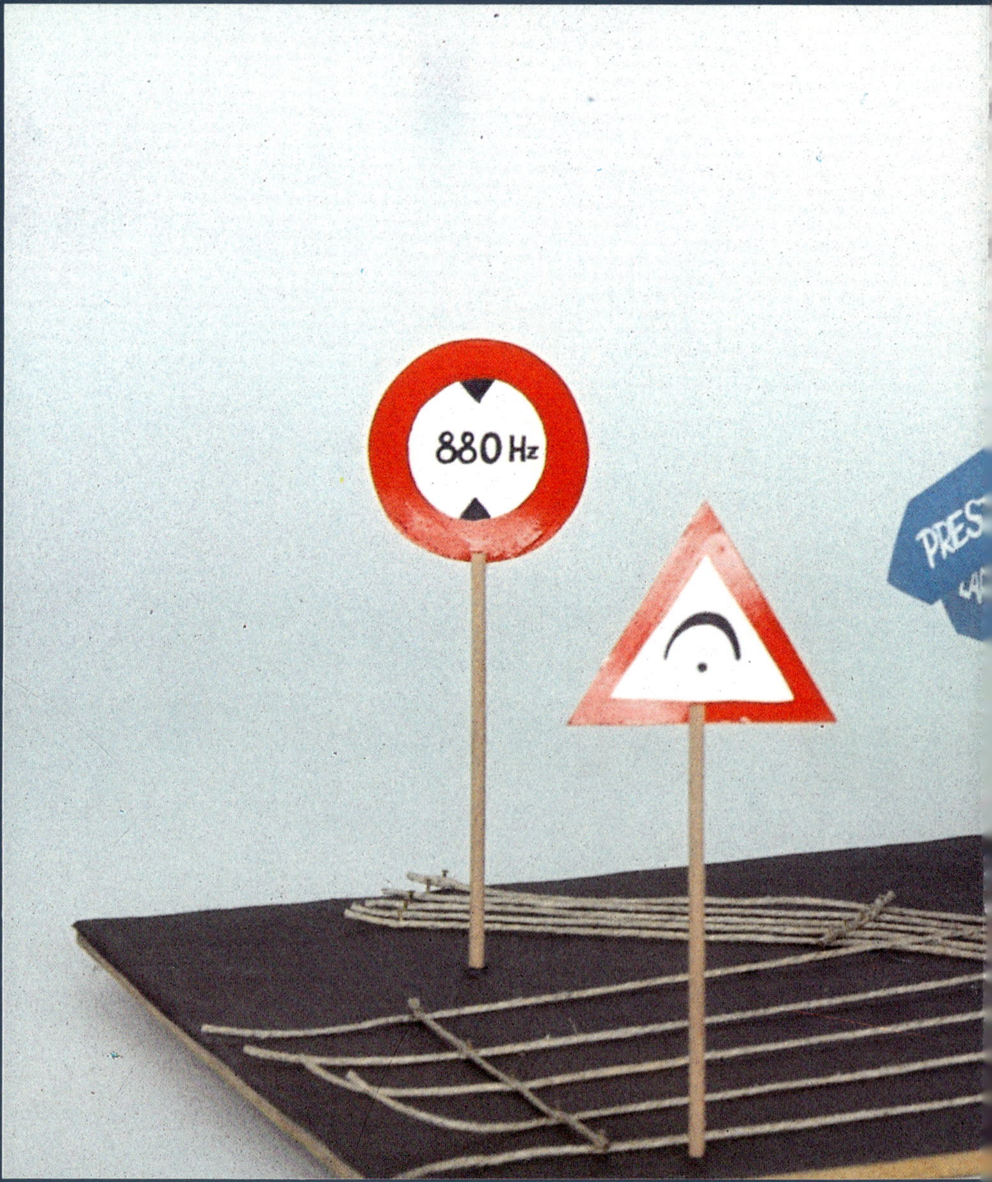
880 Hz

Überzeugen Sie sich
selbst von dem
neusten Abfederungs
Mechanismus
Typ: "AERO ACUSTICUS"

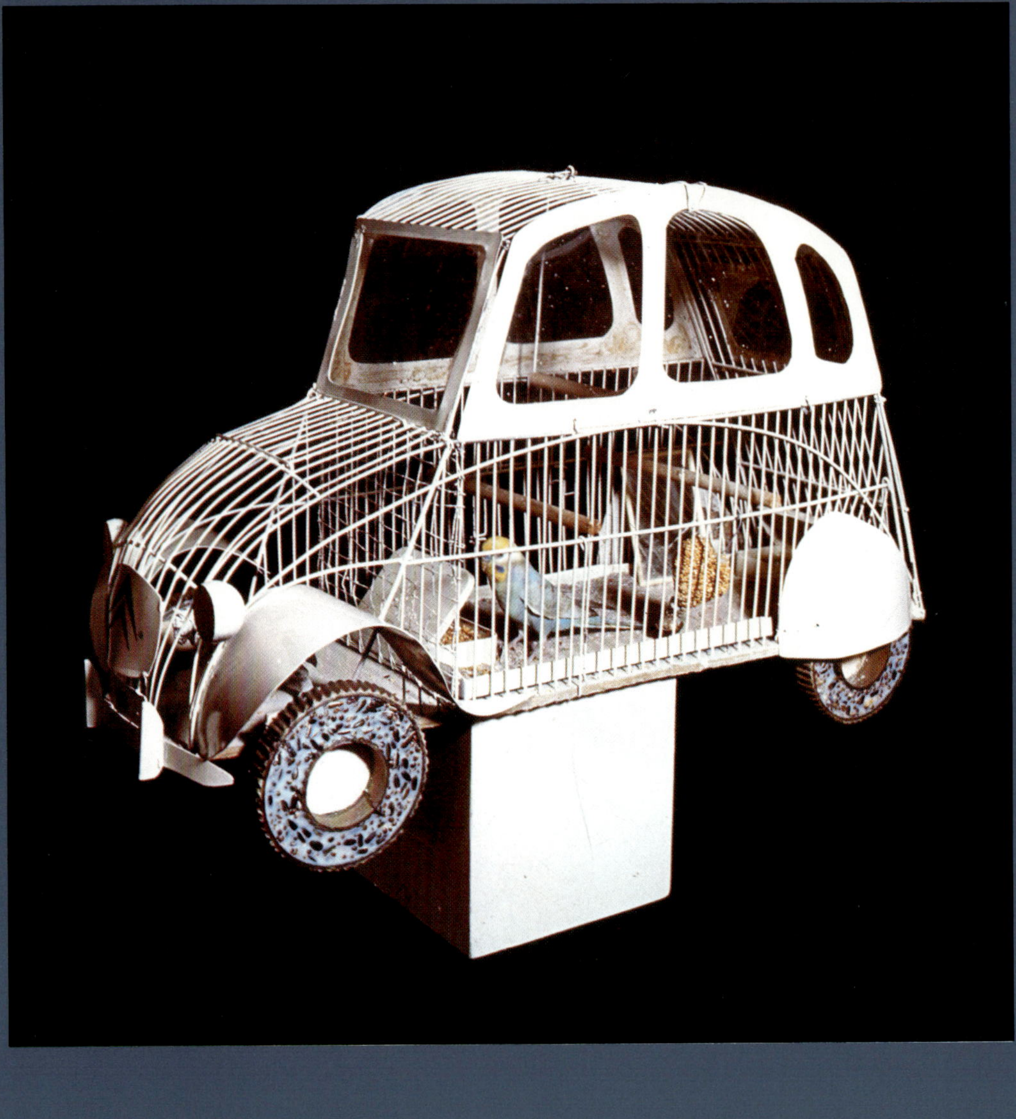

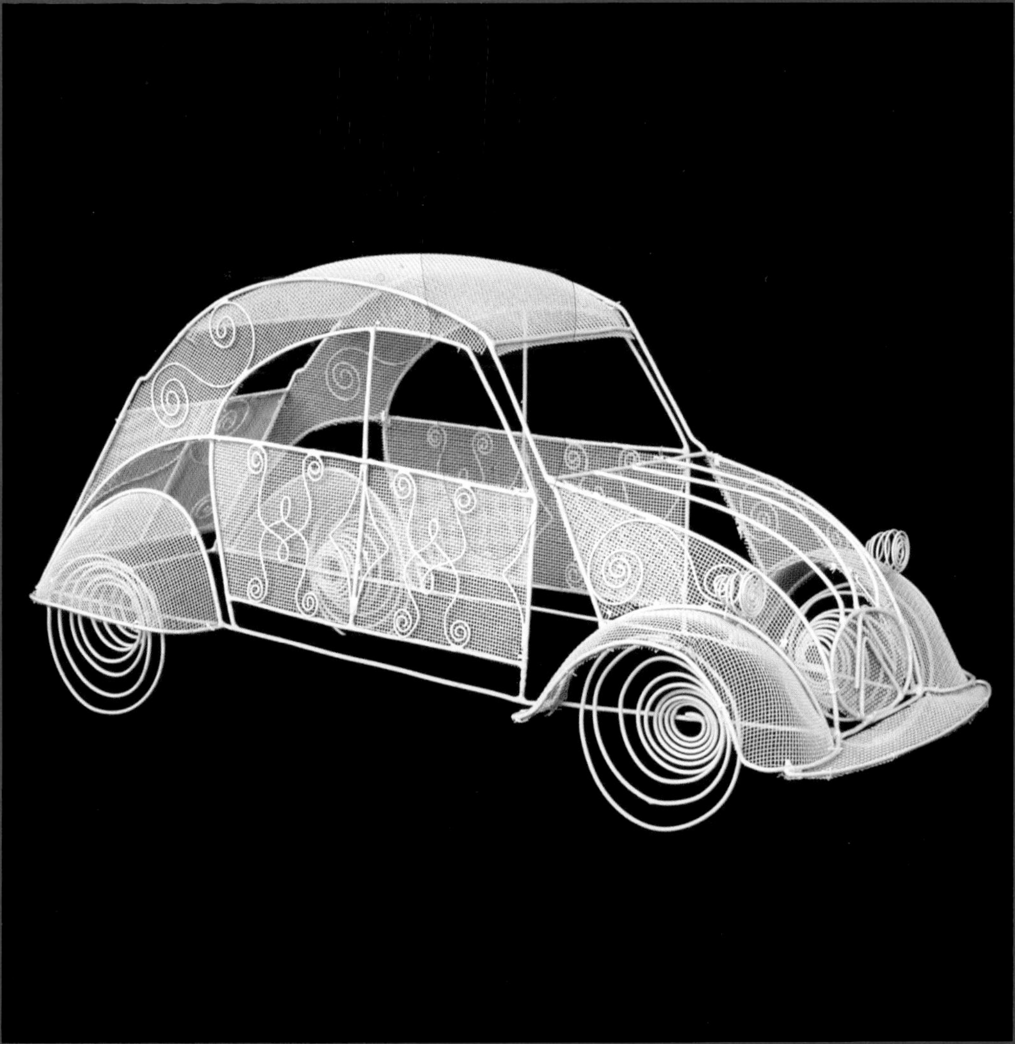

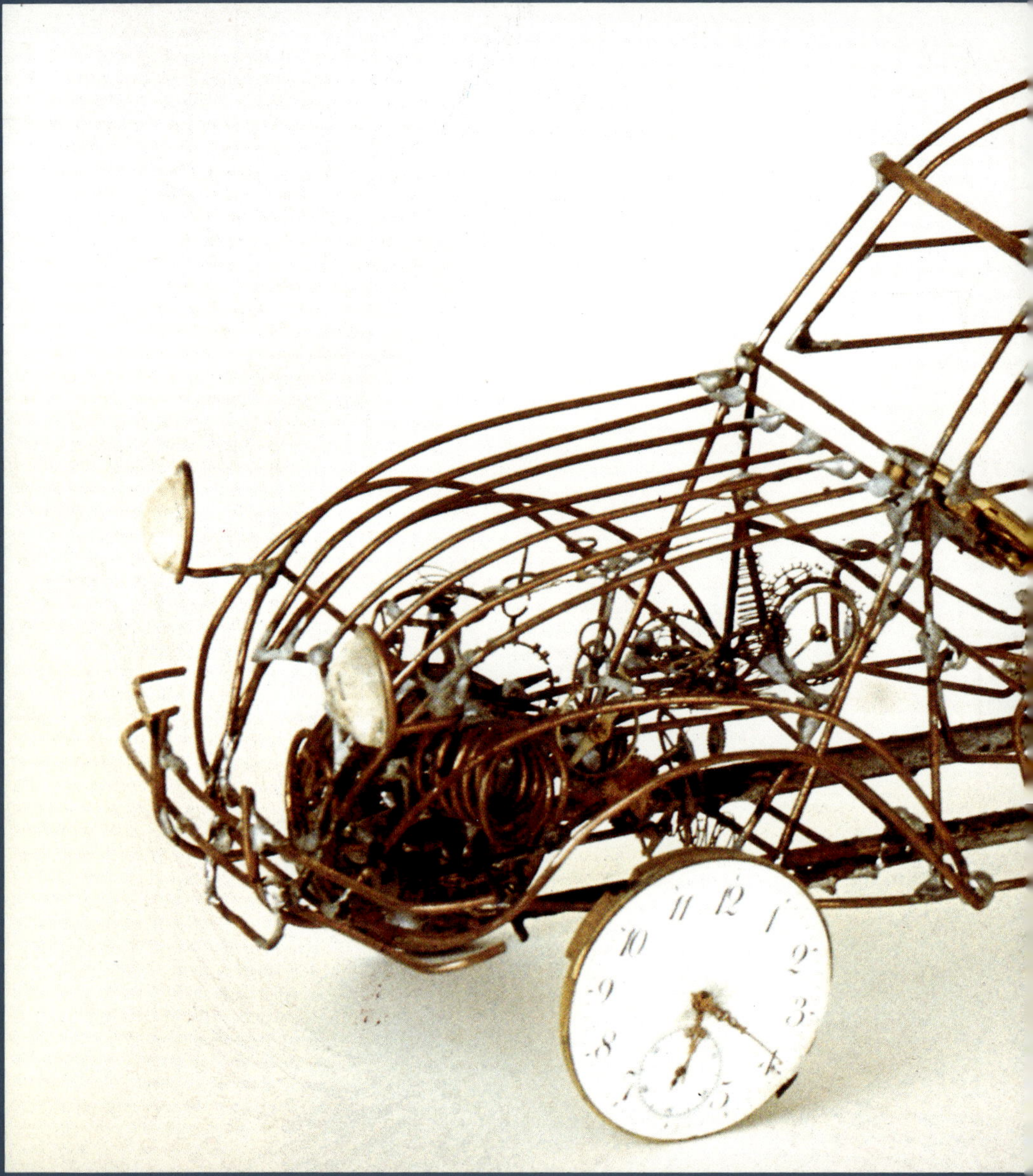

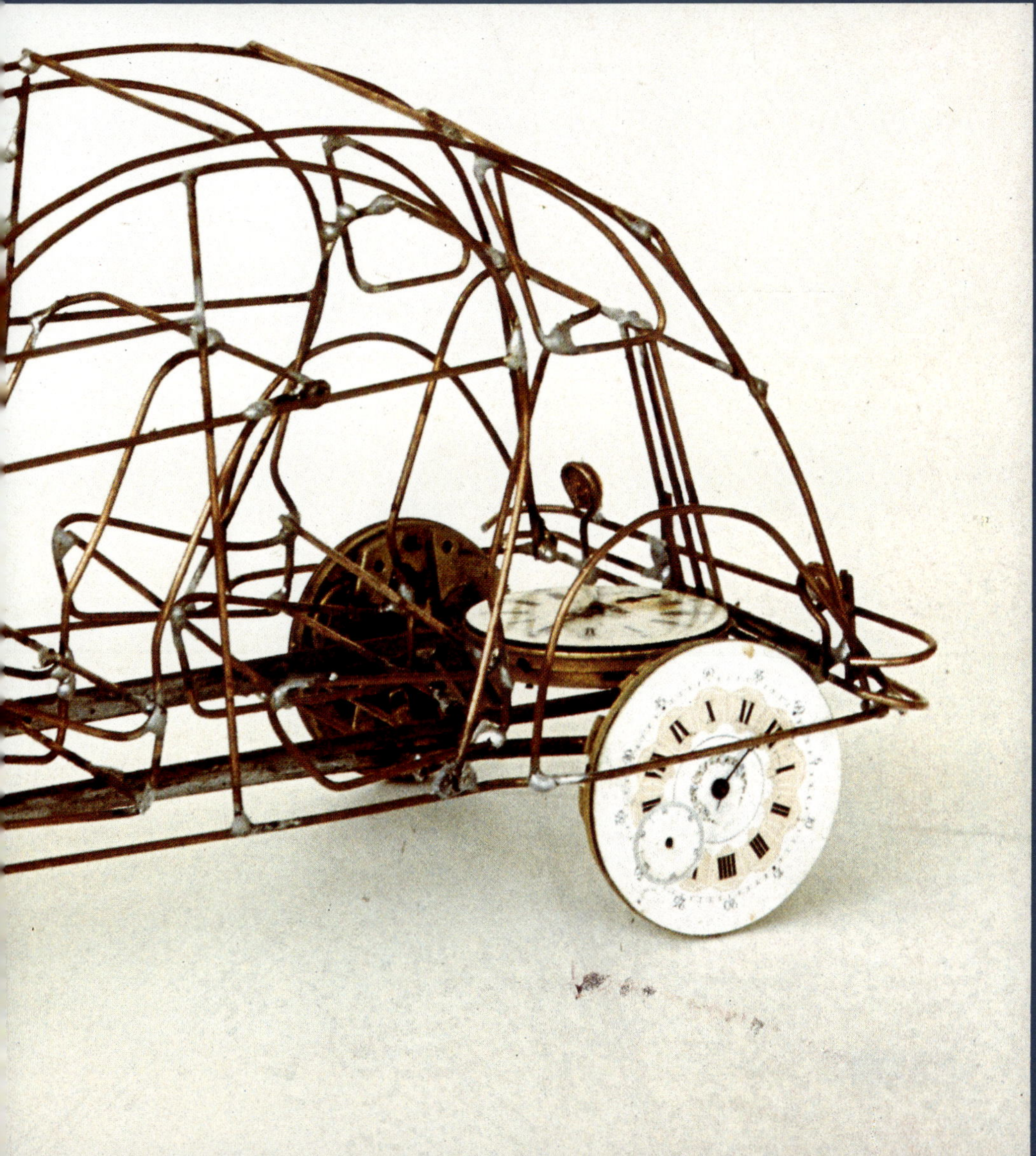

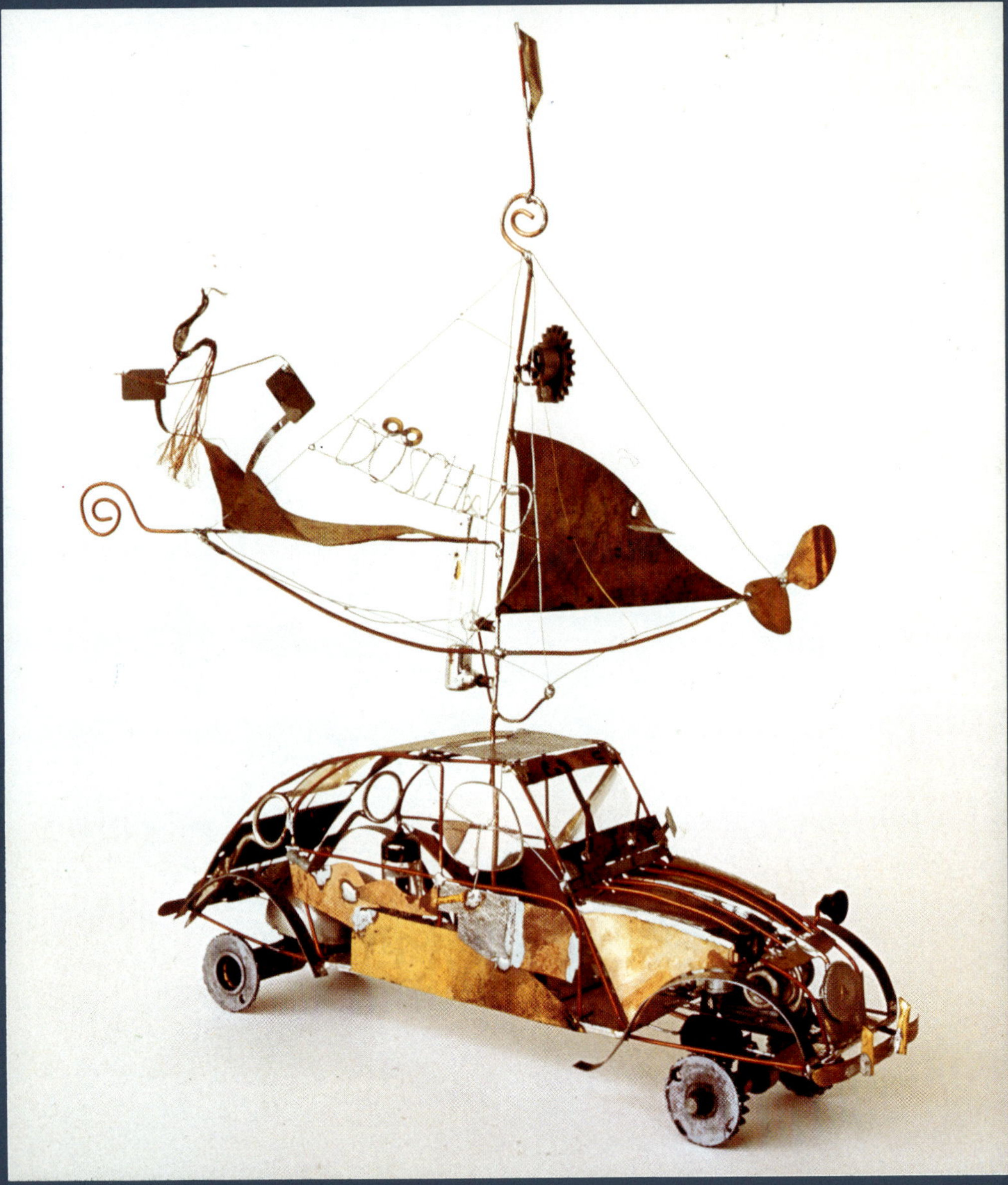

LES EX-VOTO DU BONHEUR
UN CONCOURS DE MAQUETTES "2 CV"

Jacques Wolgensinger

Le paradoxe conduit aux vérités définitives. Parce qu'il déconcerte, comme le génie, il pose comme lui de vraies questions. Par là il concourt au progrès de l'humanité. La 2 CV est paradoxale comme l'œuf de Colomb.

Conçue pour l'usage exclusif des fermières ardéchoises allant vendre au marché leurs poules et leurs fromages, la 2 CV est devenue le véhicule de toutes les aventures pour toutes les jeunesses qu'elle a conduites sur les pistes du bout du monde, là où les continents se confondent à l'horizon nébuleux d'une terre enfin ronde.

Faite pour les artisans et les prolétaires, elle a envahi les beaux quartiers. Simple comme un crayon, il a fallu quinze ans rien que pour y penser et dix ans encore pour la fabriquer. Spartiate et court vêtue, sa conception fait appel aux technologies les plus pointues. Sa genèse débute par une gigantesque enquête d'opinion mais elle a été faite en n'écoutant personne. Vouée aux allures modérées et aux vitesses limitées, elle est excessive et vertigineuse dans les descentes de cols gravillonneux ou verglacés…

Ce polymorphisme qui débouche sur une multiplicité d'ouvertures explique sans doute la diversité des conversions que la 2 CV a suscitées. Fille naturelle de Pégase et d'une machine à coudre, elle réconcilie le rêve et la réalité et conclut l'éternel débat du cœur et de la raison en les mettant pleinement d'accord, pour une fois.

Elle est à la fois le petit chaperon rouge et la mère-grand. Pas le loup. Elle n'a rien de ce qui dérange, agresse ou provoque : ni puissance, ni luxe, ni vitesse, ni standing. Ce qui lui laisse toute latitude d'avoir une personnalité bien à elle, empreinte de séduction bien tempérée. Sa modestie est célèbre dans le monde entier. Sa réserve déplace les foules. Elle est géniale par omission et séduit sans le faire exprès.

Au vroum-vroum, elle préfère le tic-tac et prend son temps, le temps de vivre. C'est pourquoi elle plaît. Un être sain d'esprit et de sentiment ne peut qu'être attendri au spectacle d'une 2 CV taillant sa route.

Elle est indulgente et accueillante à tous, aux coups de cœur tonitruants de la jeunesse comme aux ralliements pontifiants de l'âge mûr et aux inclinations frileuses des vieillards. Tous l'aiment. Pour lui rendre un culte dévôt, à peine ont-ils besoin d'un prétexte. En 1966, un Suisse, M. Schlotterbeck, concessionnaire Citroën à Bâle et à Zurich, leur en fournit un en proposant un petit concours : que chacun construise un modèle réduit de 2 CV avec les matériaux de son violon d'Ingres. Il espérait une centaine de concurrents. Ils furent plus de mille à réussir des petits chefs-d'œuvre d'humour et d'amour, d'adresse et de tendresse. Il en arrivait de partout, on ne savait plus où les mettre. Et le concours fit boule de neige : en voici mille de plus. Une activité fébrile s'empare des habitants des vallées, le soir à la veillée. Certains ajustent d'incroyables rouages, d'autres agglomèrent des boules et nouent des spirales. Celui-là collationne des pétales, celui-ci assemble des écorces, cet autre répartit des miettes... Tous les matériaux sont mis à contribution, jusqu'aux plus inattendus, papier à musique, hameçons, œuf de poule, ronds de bière, arêtes de poissons, moules à gaufres, coquilles d'escargots, éponges, poils de chien, plumes d'oie… Objets précieux ou naïfs nés dans un coin préservé de l'esprit et miraculeusement matérialisés en autant d'hommages fragiles et uniques à la 2 CV, ils en révèlent moins sur elle que sur ceux qui les ont créés. Veut-on les grouper, ordonner par genres leur multitude? On aboutit à des classifications qui doivent plus à Prévert qu'à Aristote.

Par exemple : 1) ceux qui font du bruit; 2) les rouges et les jaunes; 3) ceux qui se mangent; 4) ceux qui sont en bois; 5) ceux qui font rire; 6) ceux qui ont une tête d'animal; 7) ceux qui bougent; 8) ceux qui sont doux au toucher…

Vous aussi, sans doute, vous avez été cet enfant émerveillé, appuyé des deux mains et du bout du nez contre la vitrine de Noël des marchands de jouets. Et si l'on vous demandait de choisir, d'élire un de ces objets féeriques, vous hésitiez longtemps, conscient ou non que c'était leur accumulation surtout qui vous faisait rêver.

Ainsi en est-il des images qui sont présentées dans cet album, dérobées à cette exposition pour enfants ravis devant les vitrines. Individuellement, chaque objet peut étonner ou amuser. Ensemble, ils démontrent que la 2 CV est la jeunesse du monde. Elle est la petite fille espérance qui se lève tous les matins.

LA «DEUCHE» : UN PEU, BEAUCOUP, PASSIONNÉMENT, À LA FOLIE...

Gilbert Lascault
Boris Vian
Jean-Louis Ezine

*La 2 CV a ses passionnés,
comme le démontre l'enthousiasme
suscité par les concours
qui la prennent pour thème.
L'historien de l'art Gilbert Lascault
imagine ici la secte qui les rassemble...*

LES DOUX ADORATEURS DE LA DEUCHE

Parmi les sectes, Eglises et sociétés secrètes qui se multiplient à travers le monde, la Fraternité des Doux Adorateurs de la Deuche est sans doute l'une des plus pacifiques, l'une des plus inoffensives. Contrairement aux Inconnus Efficaces qui règnent sur la Cité des Ombres, ils ne cherchent pas à imposer leur pouvoir, et ceux-là mêmes (assez nombreux d'ailleurs) qui connaissent l'existence de la Fraternité ne la redoutent pas. Ils ne constituent pas une puissante association de malfaiteurs, au contraire des Anges Bleus dont l'un des sept chefs est Auguste Millet, le cabaretier de Roumagnol, bourg noir, construit en pierres de lave. Ils ne se battent pas entre eux et n'utilisent pas comme arme le sécateur géant dont se servent les Sectateurs de l'Inceste, aux passions inquiétantes et qui vénèrent une statue en sel figurant la femme de Loth. Ils n'ont rien à voir avec les Animaux Rouges qui éventrent leurs victimes, trempent dans leur sang un gant de cuir, puis laissent trois marques de gant rouge sur le mur le plus proche des morts.

Non, les Adorateurs de la Deuche ne tuent qu'en cas d'extrême nécessité. Ils n'aiment pas le sang. Ils sont d'une exquise politesse. Et lorsqu'il leur arrive, dans une rue étroite ou au cours d'une lutte autour d'une place de stationnement, d'insulter le conducteur d'une Rolls-Royce et de lui décrire en détail les supplices qui l'attendent en enfer, ils parlent d'une voix suave, avec d'étonnants accents de tendresse : «Vous serez empalé, mon tout joli, sur un pal chromé, excessivement pointu. On vous versera, mon agneau doré, de l'huile bouillante dans les oreilles. Très doux pigeon, Satan vous percera le ventre et enroulera vos tripes sur un dévidoir. Mon petit loup, Belzébuth prendra une fourchette à huitres pour vous arracher les yeux, pour vous énucléer.» Mais jamais ils ne s'excitent. Jamais ils ne crient. Jamais ils ne se mettent en colère. S'ils sont amenés à frapper sur le crâne d'un adversaire avec la manivelle du cric ou avec une clef à mâchoires mobiles, ils restent calmes, méthodiques et mesurent leurs gestes.

Les Doux Adorateurs de la Deuche sont patients. Ils ne se dépêchent pas.

8ème RENCONTRE MONDIALE DES AMIS DE LA 2 CV.
du 21 au 25 Juillet 1989 . ORLEANS . FRANCE

Ils ne rêvent pas de vitesse. Ils croient dans la vertu de la lenteur. Ils aiment les atermoiements, les tergiversations. Ils hésitent. Mais lorsqu'ils ont commencé une tâche, ils ne s'immobilisent pas avant de l'avoir achevée. Ils affirment qu'il est encore plus difficile d'arrêter son élan, de freiner, que de démarrer ou d'accélérer. Ils déclarent qu'il faut se hâter lentement, très lentement. Même lorsqu'ils sont au volant d'une voiture de formule 1, ils tentent, au risque de casser le moteur, de garder la vitesse qui caractérise la 2 CV.

Ils sont serviables. Ils ne sont pas envieux. Ils ne fanfaronnent pas. Ils ne se rengorgent pas. Ils ne voient d'ailleurs pas de quoi ils pourraient être fiers. Ils ne commettent pas d'action inconvenante. Ils ne cherchent pas leur intérêt, mais seulement l'intérêt commun de tous les usagers de la route. Ils ne méprisent même pas les piétons et ils disent que, dans certains cas (à vrai dire exceptionnels), un piéton peut aller plus vite que toute voiture. Ils craignent pourtant les piétons dont l'arrivée imprévue sur un passage clouté peut briser l'élan difficilement obtenu par une longue et judicieuse conduite préalable… Ils ne s'irritent pas. Ils ne tiennent pas compte du mal. Ils ne se réjouissent pas de l'injustice. Ils ne sourient pas lorsqu'ils voient les gendarmes faire payer une amende à ceux qui les ont dépassés. Ils ne rient pas lorsqu'ils découvrent une automobile puissante, renversée dans un fossé, ou lorsqu'ils la regardent brûler et éclairer la nuit. Ils mettent leur joie dans la vérité. Ils excusent tout.

« La Deuche (disent-ils) ne passera jamais. Les prophéties et les camions? Ils disparaîtront. Les langues? Elles se tairont. Les moteurs des grosses motos? Ils cesseront de faire du bruit… La foi, l'espérance et la Deuche demeurent toutes les trois. Mais le plus grande d'entre elles, c'est la Deuche»… […]

… Souvent, ils adressent leurs prières à la Grande Deuche qui est aux cieux. Ils lui demandent de leur accorder l'essence quotidienne et de leur pardonner leurs queues de poisson comme ils pardonnent à ceux qui les ont queue-de-poissonnés… […]

… Les Adorateurs de la Deuche disent aussi qu'il faut, le plus souvent possible, faire l'amour à l'intérieur d'une 2 CV, quel que soit l'inconfort des positions qu'imposent l'exiguïté du lieu et la forme des sièges. Il arrive souvent d'ailleurs que les adeptes de la secte, ceux du moins qui aiment séduire, finissent, dans leur vieillesse, par avoir un corps en forme de chevron, plié en deux de manière définitive.

Ils affirment que faire l'amour dans une 2 CV donne à l'homme et à la femme des mérites tels qu'ils évitent plusieurs siècles de purgatoire et qu'ils se retrouvent, toujours coïtant et se caressant, sur les belles routes asphaltées du paradis, les routes bordées d'asphodèles et de magnolias…

… La 2 CV, ils la nomment aussi le chameau de métal, à cause de sa sobriété; le youyou terrestre; le berceau à roulettes; la balancelle à moteur; le baquet mobile; le bénitier voyageur; la marmite errante; le parapluie à quatre roues; la tortue opiniâtre; le destrier des humbles; le petit cirque à roues; le bonheur ambulant… […]

Gilbert Lascault
« Les Doux Adorateurs de la Deuche »
in *2 CV*, © La Nompareille, 1990.

Tous n'adhèrent cependant pas à la secte des Doux Adorateurs de la Deuche, en témoigne un texte incisif de Boris Vian, qui stigmatise la 2 CV comme première responsable des difficultés de la circulation à Paris!…

POUR MIEUX ROULER

Il est avéré que la circulation dans les rues de Paris devient de plus en plus difficile. Cela résulte d'un certain nombre de facteurs que je n'hésiterai pas à nommer facteurs d'obstruction, et parmi lesquels on peut dénombrer les suivants :

1) L'inégalité de largeur des rues […]

2) La circulation pulsée. […]

3) Troisième, et non le moindre, facteur d'une circulation déplorable : la lenteur de celle-ci. Et là, n'hésitons pas à énoncer les responsables essentiels, ou plutôt le responsable essentiel : la maison Citroën. Nous n'attaquons pas ici la DS-19 ou l'ID ou même la vieille traction qui rendit en son temps de si grands services aux gangs, ces excellents soutiens d'une presse qui, sans eux, serait déjà en faillite. Nous voulons stigmatiser le sabotage infâme de la circulation auquel se livrent, en toute impunité, les fabricants d'un appareil dénommé couramment 2 CV et que l'on tolère en ville à la suite d'on ne sait quelles honteuses tractations. Nous n'osons croire qu'il y ait aveuglement de la part des pouvoirs constitués. Nous préférerions de beaucoup imaginer de colossaux pots-de-vin, et qu'au moins quelqu'un, en dehors des fabricants, retire un bénéfice de cette roulante aberration qu'est la 2 CV. Qu'y a-t-il de certain, en effet ? L'unanimité existe à cet endroit, la 2 CV est une des voitures qui freinent le mieux, fût-ce sur le verglas.

Il est non moins certain que le bas régime de rotation du moteur et la faible inertie des pièces en mouvement donnent à l'engin un couple de démarrage extrêmement faible. Que l'invention des freins ne soit pas le fait de Citroën, d'accord ; d'autres ont eu leur responsabilité là-dedans, et nous n'accablerons pas un constructeur conformiste ; d'autant que les freins sont, hélas, entrés dans la légalité, ce qui aboutit à cette monstrueuse aberration : on juge un véhicule notamment à ce qu'il a de bons freins alors qu'un véhicule est notoirement conçu pour se déplacer le plus rapidement possible et non pour s'arrêter. Ainsi, nous nous trouvons devant cette anomalie : un engin pas cher (heureusement, les délais de livraison viennent compenser ce nouveau danger) qui freine bien et qui démarre mal. Contestera-t-on que voici réunies les conditions de l'embouteillage idéal? Et si l'on réfléchit un peu, on va s'apercevoir qu'il y a pire : à Paris, on est toujours derrière une 2 CV. Ceci tient à la distance insuffisante qui sépare deux feux rouges

consécutifs et au manque de largeur des rues. Résultat d'une conception vicieuse à la base (ah! qui maudira assez les urbanistes des siècles écoulés) et d'un stationnement beaucoup trop toléré. Il se produit donc le fait suivant : supposons un paquet de voitures en route vers un feu rouge. Deux cas peuvent se présenter :
a) Il y a ou non une ou plusieurs 2 CV en tête. S'il y a plusieurs 2 CV en tête, rien à faire : impossible de doubler, et la situation est la même au feu rouge suivant. S'il n'y a qu'une 2 CV en tête, elle tient sa gauche (les conducteurs de 2 CV sont formels à ce sujet : aucune chance de les voir à droite, ils s'entraînent en ville pour les passages de poids lourds sur route). Le triste possesseur d'une voiture normale n'a de ressource, pour doubler la 2 CV, que d'user de la file de droite et il est aussitôt bloqué par un

poids lourd qui stationne en double file; d'où une bonne engueulade, et l'utilisation massive par le chauffeur du poids lourd de la formule magique «Moi, je travaille», ce qui laisse immédiatement entendre que la victime ne travaille pas, qu'elle n'a donc pas les moyens légaux d'avoir une voiture, bref qu'elle l'a volée et n'a qu'à fermer sa gueule. Mais revenons au problème. Donc, premier résultat : qu'il y ait une ou plusieurs 2 CV en tête (nous n'examinons même pas le cas d'une rue à sens unique avec une 2 CV et une seule file libre : il faut suivre la 2 CV jusqu'au bout), il est impossible, sauf rare exception (boulevard Arago, avec une voiture de sport, il arrive que l'on puisse doubler une 2 CV en rasant le trottoir opposé ou en la débordant par la droite, mais sournoisement), de s'en débarrasser et cela recommence au prochain feu.

b) Il n'y a pas une ou plusieurs 2 CV en tête. Dans ce cas, le phénomène de «saut d'un feu» se produit : les véhicules normaux, progressant rapidement, atteignent le feu suivant qu'ils franchissent car il est synchronisé et luit d'un bel éclat vert, et se retrouvent au troisième feu rouge a) soit derrière un paquet de voitures précédé de 2 CV; b) soit derrière les 2 CV qui sont la queue du paquet précédent supposé semblable à celui qui arrive. Et les 2 CV de queue du paquet étudié en (b), allant leur petit bonhomme de chemin, se retrouvent les premières au feu vert de (b) devenu rouge entre-temps, ce qui ramène au cas (a). Bref, à Paris, on a en moyenne une ou deux fois par jour la possibilité de parcourir un entre-deux feux sans être brimé par les 2 CV.

Il va de soi que ceci justifierait amplement l'interdiction des 2 CV pour la circulation urbaine. Ne croyant pas aux mesures de coercition, nous nous proposons d'apporter ci-après une solution plus constructive. […]

Boris, Vian, « Pour mieux rouler » (1963),
© Christian Bourgois Editeur, 1975

Juillet 1990, Jean-Louis Ezine, qui commente chaque matin sur France Culture les grands et les petits événements de l'actualité, consacre sa chronique à l'arrêt de la production de la 2 CV.

DEUCHE EX MACHINA

Comme s'il ne suffisait pas de déplorer la disparition de l'accent circonflexe, voilà que la deux-chevaux et son fameux toit bombé se trouvent rayés de la grammaire automobile. Ce véhicule aux étonnantes vertus carminatives, qui semblait avoir été conçu pour la manutention et le transport des courants d'air, laissera l'inoubliable souvenir d'une auto qu'il convenait de gouverner aux allures portantes, sous grand largue et le vent en poupe. Toute autre option entravant l'inégalable poésie de ses deux cylindres à plat refroidis par air, dont les 375 cm^3 de motricité pure, pour peu qu'ils ne fussent pas occupés à soutenir l'activité des essuie-glaces, faisaient parler la tôle.

Au vrai, ce qui s'en va avec la deux-chevaux, c'est l'emblème le plus roulant du mobilier français, d'un déménagement bien plus commode que le piano à queue de modèle courant ou même qu'un congélateur parallélépipédique de bonne capacité. Avec la deux-chevaux disparaît une voiture à laquelle peu de concurrentes auront pu sérieusement disputer la tête des embouteillages en zone urbaine ou agricole, ce qui la rendait d'un usage excellent pour les nerfs. Sauf à en posséder une soi-même, il était bien rare en effet qu'on ne fût pas placé, en modalités de circulation normales, derrière une deux-chevaux (dont la propension reconnue à tenir le milieu de la chaussée rendait par surcroît le dépassement aléatoire).

La deux chevaux tenait aussi avec vaillance la pole position de la vie sociale. Comment monsieur l'abbé portera-t-il demain les derniers sacrements dans les campagnes? Comment le milliardaire se rendra-t-il demain à la convocation de son inspecteur du fisc? C'est comme si l'on apprenait l'abolition simultanée de la brouette et du parapluie, ou bien du hamac et du moulin à légumes, dont la «deuche» offrait indifféremment l'inespéré compromis.

Le cahier des charges qui l'avait vu naître prévoyait la création d'un engin capable de véhiculer à raison de 60 kilomètres dans l'heure et de 3 litres aux cent, un couple de paysans en sabots et dans la force de leur âge, cinquante kilos de pommes de terre nouvelles et trois douzaines d'œufs – sans en casser un seul. Car la 2 CV ne cassait rien, ni ses passagers, ni leurs œufs. A cette subtile vocation, l'inventeur de la deux-pattes, le trop méconnu Pierre-Jules Boulanger, qui avait été aviateur pendant la Grande Guerre dans la célèbre escadrille des Cigognes de Guynemer et en avait sans doute rapporté des souvenirs horrifiés, avait ajouté une règle impérative : qu'elle ne décolle jamais, même par vent favorable. Mais il avait encore imposé, aux esquisses que lui soumirent en vain pendant treize ans ses ingénieurs, un test éliminatoire. Pour mieux juger de l'habitabilité de cette façon de tondeuse à bitume, il montait à bord des maquettes réalisées en vraie grandeur, un chapeau haut de forme sur la tête. Si le chapeau tombait, le projet tombait aussi.

On voit par là que Pierre-Jules Boulanger avait au plus haut point le souci de la dignité de ses utilisateurs. Assurément, le déclin et la mort du haut de forme condamnait à moyen terme la deux-chevaux dont le pilotage moderne en béret basque, vissé aux tempes par un déplorable souci d'ergonomie, indique assez les ravages du progrès. Dans l'ère funeste du taylorisme et de l'utilisation maximale des outils, jamais un travailleur ne s'autoriserait plus à débâcher, de crainte de donner à son équipage l'aspect frivole d'une boîte à sardines convivialement ouverte pour le pique-nique. Aujourd'hui, la 2 CV est morte et toutes les départementales sont veuves d'un drôle d'objet. Désormais, on ne pourra plus franchir les bornes sans casser d'œufs.

Jean-Louis Ezine
Du train où vont les jours
© Editions du Seuil, 1994

Table des matières

Chronologie 1935-1995 2
Planches : un concours de maquettes "2 CV" 4

Les ex-voto du bonheur
par Jacques Wolgensinger 47

La « deuche » : un peu, beaucoup, passionnément, à la folie…
« Les Doux Adorateurs de la Deuche » par Gilbert Lascault 52
« Pour mieux rouler » par Boris Vian 55
« Deuche ex machina » par Jean-Louis Ezine 59

L'éditeur tient à remercier la direction de la communication de Citroën, et Mireille Gardon en particulier.

L'ensemble des documents reproduits est tiré de la photothèque Citroën, à l'exception de celui de la page 57, © H. de Chatillon/Rapho.

Tous droits de traduction et d'adaptation réservés pour tous pays
© Gallimard 1995
Dépôt légal : novembre 1995
Numéro d'édition : 75083
ISBN : 2-07-053366-2
Imprimerie : Editoriale, Trieste